사람은 혼자서 살 수는 없어요.
가정과 사회, 국가라는 공동체를 이루고 살아요.
여럿이 어울려 살다 보면 다툼도 생기고, 피해 보는 일도 생겨나지요.
이럴 때 법이 나서서 옳고 그름을 판단해 주고, 억울한 일 때문에
피해를 받지 않도록 도와 줍니다. 법은 정의로운 사회를 위해서
만들어졌으니까요.
이 책을 통해서 우리 어린이들이 '법은 우리와 가까운 것,
행복한 사회를 위해 꼭 필요한 것' 임을 깨달을 수 있으면 좋겠습니다.

자연 지리 감수_ 송언근

경북대학교 학부와 대학원에서 자연지리와 지리교육을 전공하고 박사 학위를 받았습니다. 뉴질랜드 크라이스트처치 교육대학 연구 교수로 활동하였으며, 지금은 대구교육대학교 사회교육과 교수로 있습니다. 쓴 책과 옮긴 책으로는 〈지리로 읽는 대구 이야기〉, 〈교육 연구의 질적 접근〉, 〈교육적 질문하기〉, 〈초등지리 교육론(공역)〉 등이 있습니다. 논문으로는 〈그림지도에서 수준별 교수·학습과 수행평가의 관계 구성〉, 〈지리교육에서 지형교육의 의미와 방향〉 등이 있습니다.

인문 지리 감수_ 서태열

서울대학교 학부와 대학원에서 지리교육을 전공하고 교육학 박사 학위를 받았습니다. 미국 텍사스주립대학에서 방문 교수로 활동하였으며, 지금은 고려대학교 지리교육과 교수로 있습니다. 제7차 사회과 교육과정 개정위원 및 초등 사회 교과서 집필위원, 한국교육과정평가원 자문위원 등을 지냈으며, 지금은 교육인적자원부 사회과 교육과정 심의위원, 한국사회과교육연구학회 부회장, 한국지리환경교육학회 부회장, 고려대학교 교과교육연구소장을 맡고 있습니다. 쓴 책과 옮긴 책으로는 〈지리교육학의 이해〉, 〈위성에서 보는 한국 아틀라스〉, 〈세계화 시대의 세계지리 읽기〉, 〈초등지리 교육론(공역)〉 등이 있습니다.

지구촌 감수_ 옥한석

서울대학교 학부와 대학원에서 지리학을 전공하고 박사 학위를 받았습니다. 한국사진지리학회장, 교육자료개발원장, 미국 워싱턴대학 방문 교수로 활동하였습니다. 지금은 한국지역지리학회 부회장 및 강원대학교 지리교육과 교수로 있습니다. 쓴 책으로는 〈세계화 시대의 세계지리 읽기〉 등이 있으며, 논문 〈생활 중심 교수 학습·모형의 설계와 적용〉과 〈학생의 일상적 개념을 활용한 지리 학습 동기 유발 방안 연구〉는 교육 현장의 주요 연구 사례로 평가받고 있습니다.

생활 문화 감수_ 남경희

일본 쓰쿠바 대학원에서 사회교육학을 전공하고, 교육학 박사 학위를 받았습니다. 제7차 초등 사회 교과서를 집필한 바 있으며, 한국사회과교육연구학회 회장, 서울교육대학교 발전기획단장 등으로 활동하였으며, 지금은 서울교육대학교 사회교육과 교수로 있습니다. 쓴 책으로는 〈사회과 교수·학습론〉, 〈현대 사회과 교육〉, 〈붕어빵 학교 753교실〉 등이 있습니다.

사회 생활 감수_ 서이종

서울대학교 학부와 대학원에서 사회학을 전공하고, 독일 베를린자유대학에서 박사 학위를 받았습니다. 서울대학교 중앙전산원 부원장으로 활동하였으며, 지금은 서울대 정보사회포럼을 맡고 있고, u클린 운동 추진위원장으로도 활동하고 있으며, 서울대학교 사회학과 교수로 있습니다. 쓴 책으로는 〈과학 사회 논쟁과 한국 사회〉, 〈한국 사회의 위험과 안전〉, 〈인터넷 커뮤니티와 한국 사회〉, 〈한국 벤처기업가 벤처기업가 정신〉, 〈사이버 시대의 사회 변동〉, 〈지식정보사회의 이론과 실제〉 등이 있습니다.

민주 정치 감수_ 장훈

서울대학교 학부와 대학원에서 정치학을 전공하고, 미국 노스웨스턴대학교에서 박사 학위를 받았습니다. 한림대학교 정치외교학과 교수, 한국정치학회 상임이사로 활동하였으며, 지금은 중앙대학교 정치외교학과 교수로 있습니다. 쓴 책으로는 〈경제를 살리는 민주주의〉, 〈한국의 자유민주주의〉 등이 있습니다.

글_ 김순한

이화여자대학교와 대학원에서 교육학을 공부하고, 출판사에서 어린이책을 만들었습니다. 어린이 생태 잡지 〈까치〉의 편집장을 역임했으며, 지금은 어린이책 작가로 활동하고 있습니다. 쓴 책으로는 〈거미박사 남궁준 이야기〉, 〈씨앗은 무엇이 되고 싶을까?〉, 〈소리가 움직여요〉, 〈수많은 생명이 깃들어 사는 강〉 등이 있습니다.

그림_ 이용규

대학에서 서양화를 공부했으며, 지금은 프리랜서 일러스트레이터로 활동하고 있습니다. 그린 책으로 〈벽화 속에 살아 있는 고구려 이야기〉, 〈브람스 헝가리 춤곡〉, 〈엄마가 쓴 동화〉, 〈삼국사 이야기〉, 〈한 권으로 읽는 한국사〉, 〈계백장군〉 등이 있습니다.

똑똑한 사회탐구 51 민주 정치 | 법과 제도 의로운 도둑

펴낸이 박희철 | **펴낸곳** 한국헤밍웨이 | **출판등록** 제406-2013-000056호 | **주소** 경기도 성남시 분당구 금곡동 444-148 | **대표전화** 031-715-7722 | **팩스** 031-786-1100

기획·편집 ○ 영호 이미경 황인옥 김경란 | **아트디렉터** 유경미 | **디자인** 박희경 이혜희 박닌경 | **사진진행** 시몽포토에이전시

사진출처 14 아스트라이아_이미지클릭 | 17 경국대전_시몽포토에이전시 | 19 루이 14세_시몽포토에이전시 | 25 제헌절 기념식_연합포토 | 35 도로 교통법 위반_중앙포토
35 교육의 의무_중앙포토 | 36 사형 제도 폐지 촉구_연합포토 | 36 호주제 폐지 국회 통과_중앙포토 | 37 제헌 헌법 부본_중앙포토 | 37 사법 연수생들_연합포토 | 37 헌법 재판_연합포토

의로운 도둑

글 김순한 | 그림 이용규

한국헤밍웨이

의로운 도둑 이야기

옛날 옛적의 일이에요.
마을에서 재물 많기로 소문난 박 대감 집은
한밤중이 되어도 웅성웅성 소란스러웠어요.
"문을 꼭꼭 걸어잠가라!
꼼짝 말고 곳간 앞을 지켜야 한다, 알겠느냐!"
박 대감은 큰 소리로 하인들에게 불호령을 내렸어요.

몇 달 전부터 이 마을엔 부잣집만 터는 도둑이 나타났어요.

도둑은 고약한 부잣집의 재물을 훔쳐

가난하고 배고픈 백성들에게 골고루 나눠 주었어요.

오늘 밤엔 박 대감 집이 털릴지 모른다는 소문이 나돌았지요.

박 대감은 어찌나 욕심 많고 남을 괴롭히는지

가난한 사람들에게 곡식을 빌려 주고 몇 배나 되는 이자를 받아 냈어요.

그 동안 박 대감에게 시달린 마을 사람들은

소문을 듣고 마음 속으로 박수를 치기도 했어요.

그 날 밤, 박 대감 집은 어김없이 도둑에게 털리고 말았어요.
도둑은 가난한 마을 사람들에게
재물을 몰래 나눠 주었어요.
도둑의 행동은 사람들 입에 오르내리며
나라 안에 널리널리 퍼졌어요.
하지만 얼마 지나지 않아 도둑은 결국 관군에게 붙잡혔어요.
도둑은 가난한 사람을 도와 준 착한 사람일까요,
남의 물건을 훔친 나쁜 사람일까요?
'의로운 도둑' 은 과연 어떻게 되었을까요?

관군에게 붙잡힌 도둑은 사형을 당했어요.
도덕의 기준에서 보면 도둑의 행동은 문제가 없는 것 같지요.
가난한 사람들을 괴롭히는 양반집에서 도둑질을 했고,
훔친 물건을 가난한 사람들에게 나눠 주었기 때문이지요.
하지만 법의 기준에서 보면 나라의 질서를 어지럽혔기 때문에
도둑은 벌을 받아야 해요.
도둑은 법을 지키지 않았기 때문에 벌을 받게 된 것이랍니다.

13

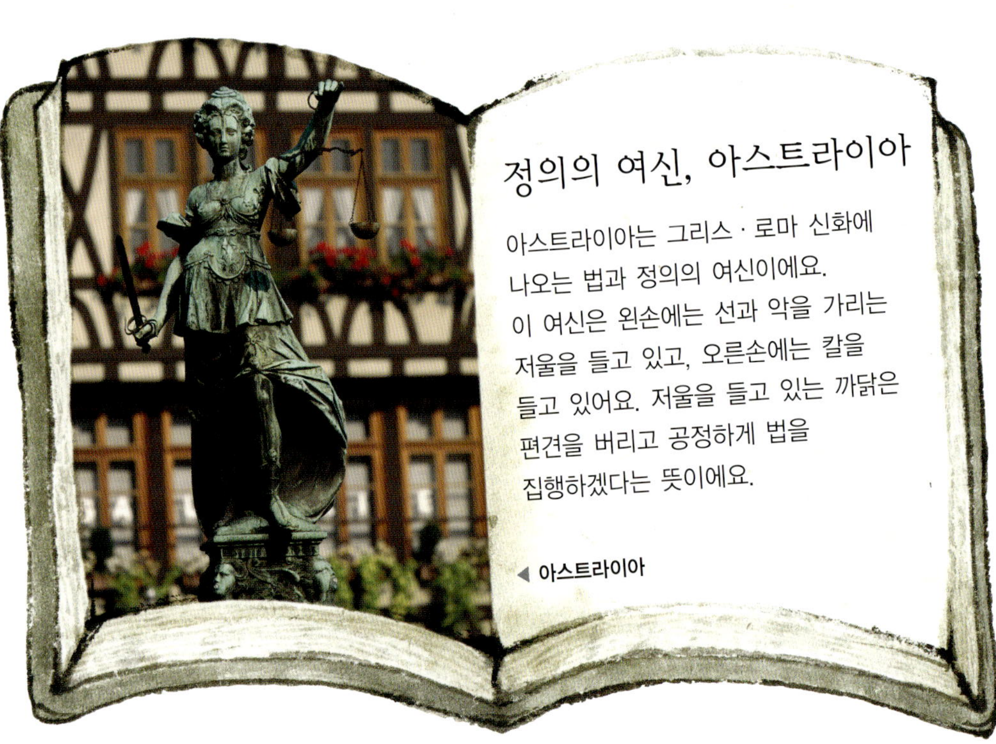

정의의 여신, 아스트라이아

아스트라이아는 그리스·로마 신화에
나오는 법과 정의의 여신이에요.
이 여신은 왼손에는 선과 악을 가리는
저울을 들고 있고, 오른손에는 칼을
들고 있어요. 저울을 들고 있는 까닭은
편견을 버리고 공정하게 법을
집행하겠다는 뜻이에요.

◀ 아스트라이아

법이란 도대체 무얼까요?

사람은 혼자서 살 수 없어요.
가정, 학교, 마을, 국가 등을 이루고 살아요.
여럿이 모여 평화롭게 살기 위해서는 서로
해야 할 일과 하지 말아야 할 일을 지켜야 하지요.
법은 나라에서 정해 놓은 규칙이며 사람들의 행복과
평화를 위해 만든 '사회적 약속'이에요.
다른 약속과 달리 법은 꼭 지켜야 하는 것이어서
법을 어기면 벌을 받게 되지요. 사람은 저마다
소중하기 때문에 존엄성과 가치를
지켜 주는 법이 필요해요.

옛날에도 법이 있었나요?

'첫째, 사람을 죽인 사람은 사형에 처한다.
둘째, 남을 다치게 한 사람은 곡식으로 보상한다.
셋째, 도둑질한 사람은 노비로 삼는다.
만약 죄를 용서받고 싶으면 50만 전을 내야 한다.'
이게 바로 우리 나라에서 가장 오래 된 고조선의 법이에요.
고조선은 여덟 가지를 금지하는 법인 8조 금법으로
나라를 다스렸어요. 지금까지 전해지는 것은 이 가운데
세 가지뿐이에요. 이를 통해 당시엔 사회를 지배하는
지배층과 더불어 노예 신분이 있었고, 곡식으로 보상하는
점으로 볼 때 농경 사회였다는 것을 알 수 있어요.

조선 시대의 헌법, 경국대전

경국대전은 조선 제7대 임금인 세조 때 만들기 시작해서 제9대 성종 때 완성된 조선 시대 헌법이에요. 그 전엔 중국의 법률을 참고하다가 드디어 우리 고유의 법과 질서가 만들어진 거예요. 조선 최고의 법전이지만, 왕은 법률의 대상이 아니었다는 점에서 불공평한 부분도 있어요.

◀ 경국대전

투표소
투표함

법, 이렇게 만들어요

몇백 년 전까지만 해도 왕이나 귀족 같은 특권 계층이
자신들을 위해 법을 만들었어요.
신분과 남녀에 따라 다르게 적용되는
불평등한 법이 있었지요.
이제는 국민들이 법을 만들어요.
하지만 모든 사람이 법 만드는 일을 할 수 없기 때문에
국민의 대표를 뽑아 그 대표들이 법을 만들어요.
우리 나라에선 국민이 뽑은 대표인 국회 의원들이
국민 뜻에 따라 법을 만들어요.
국회 의원이 법을 만들면, 대통령과 행정부에서
법률을 시행하는 거지요.

내가 곧 국가이니라!

이 말은 프랑스 왕 루이 14세(1643-
1715)가 한 말이에요. 루이 14세는
‘태양왕’으로 불렸으며, 국가의 모든
권한을 가지고 신처럼 숭배받을 만큼
큰 힘을 가졌지요. 그 무렵 왕과
귀족들은 잘 살았지만, 일반 백성들은
가난하고 억눌린 생활을 하였어요.
이 시대의 법은 왕과 귀족에게
유리한 법이라고 할 수 있어요.

▶ 루이 14세

시대마다 다른 법, 나라마다 다른 법

지금부터 30여 년 전 우리 나라에서는

남자들이 머리카락을 맘대로 기를 수 없었어요.

믿을 수 없다고요? 그래도 사실인걸요.

남자는 머리를 어깨까지 기를 수 없었고,

여자는 미니 스커트를 입으면 미풍 양속을 해친다고 처벌을 받았어요.

개인의 자유가 많이 제한받은 셈이지요.

지금은 머리나 옷차림을 자유롭게 해도 경찰이 붙잡을 수 없어요.

법이 바뀌어서 그런 행동은 죄가 되지 않기 때문이에요.

우리 나라에서 일반 사람이 총을 가지고 있으면
분명 법을 어기는 일이에요.
하지만 미국에서는 경찰이나 군인이 아닌
일반 사람도 스스로를 지키기 위해 총을
가질 수 있다고 법에 나와 있어요.
법은 그 나라의 관습이나
역사에 따라 내용도 달라져요.

법과 제도

사랑하는 남자와 여자가 부부가 되어

함께 살기 위해서는 결혼을 해야 하지요.

결혼은 결혼하는 남녀에게 중요할 뿐만 아니라

사회의 기본 구성 단위인 가정을 만드는 주춧돌이 됩니다.

한 발 더 나아가서는 종족을 보존하는 역할까지 하는 셈이에요.

결혼은 사회 질서를 유지하는 제도입니다.

결혼 제도 속엔 예로부터 전해 내려오는 관습이나 도덕, 법률 등

사회의 종합적인 규범이 들어 있어요.

예를 들어 배우자 아닌 다른 사람을 사랑하게 되는 건 도덕적이지 못한 일이지요.

결혼할 수 있는 나이는 법으로 정해져 있어요.

이처럼 제도는 법보다 훨씬 폭넓은 것을 포함하고 있는 거예요.

법은 제도 가운데 반드시 지켜야 할 규범을 최소한으로 가려 뽑은 것이고요.

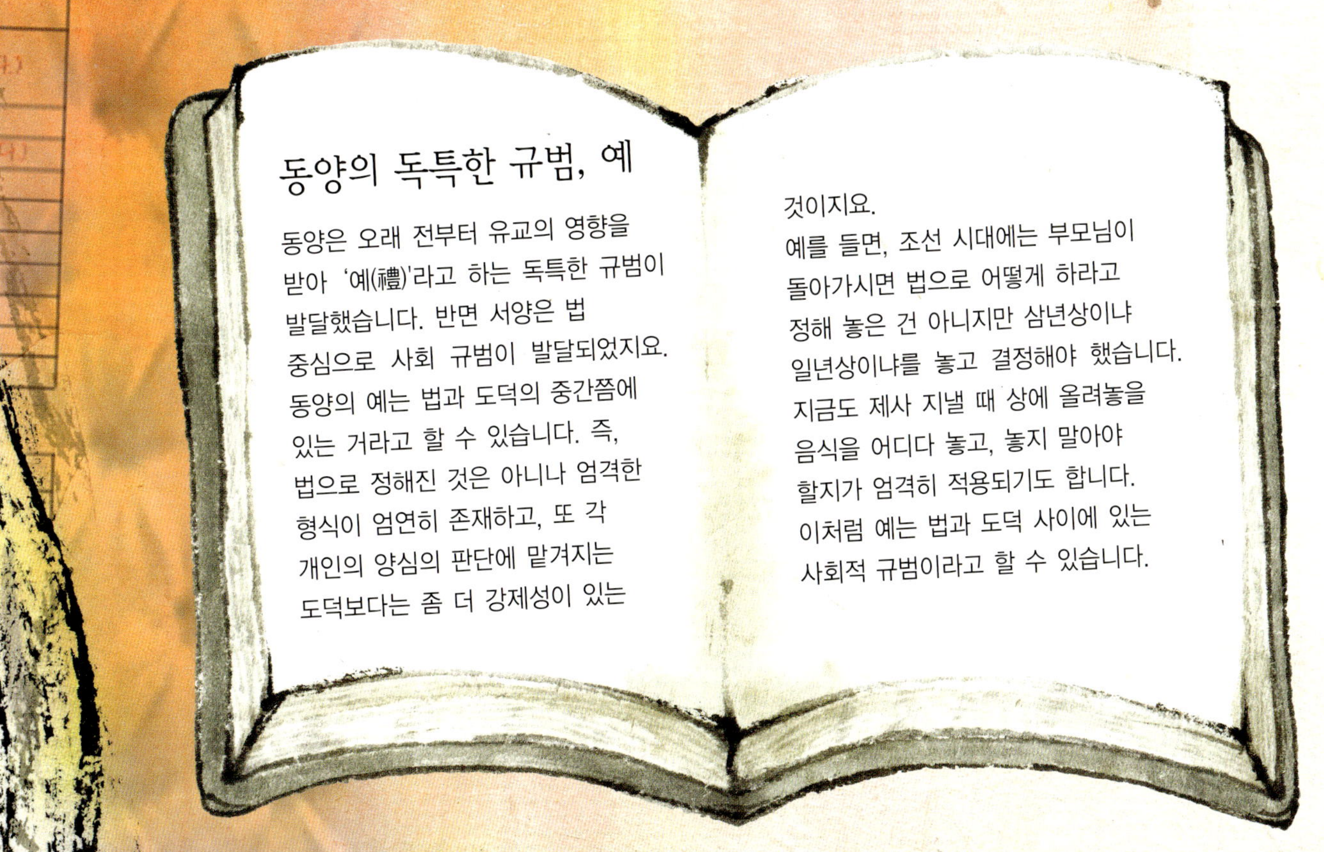

동양의 독특한 규범, 예

동양은 오래 전부터 유교의 영향을 받아 '예(禮)'라고 하는 독특한 규범이 발달했습니다. 반면 서양은 법 중심으로 사회 규범이 발달되었지요. 동양의 예는 법과 도덕의 중간쯤에 있는 거라고 할 수 있습니다. 즉, 법으로 정해진 것은 아니나 엄격한 형식이 엄연히 존재하고, 또 각 개인의 양심의 판단에 맡겨지는 도덕보다는 좀 더 강제성이 있는 것이지요.

예를 들면, 조선 시대에는 부모님이 돌아가시면 법으로 어떻게 하라고 정해 놓은 건 아니지만 삼년상이냐 일년상이냐를 놓고 결정해야 했습니다. 지금도 제사 지낼 때 상에 올려놓을 음식을 어디다 놓고, 놓지 말아야 할지가 엄격히 적용되기도 합니다. 이처럼 예는 법과 도덕 사이에 있는 사회적 규범이라고 할 수 있습니다.

헌법은 무엇인가요?

헌법은 한 나라의 법 가운데 가장 최고의 법이에요.

1910년부터 1945년까지 우리 나라는 일본에게 나라를 빼앗겼기 때문에

우리 나라 국민을 보호해 줄 법이 없었어요. 나라를 되찾은 뒤,

국민의 대표를 뽑아 제헌 의회를 만들고 헌법을 만들었어요.

마침내 1948년 7월 17일, 대한 민국 헌법이 탄생하였어요.

대한 민국 헌법에는 나라의 주인은 국민이라고 나와 있어요.

국가 권력을 입법부, 행정부, 사법부로 나눠 3권 분립을 보장해 놓았고,

국민의 권리와 의무에 관한 내용도 담겨 있어요.

헌법은 모든 법의 기본이라서 고칠 때에는 국민의 동의를 구해야 해요.

헌법 탄생일

매년 7월 17일은 대한 민국 헌법 탄생을 기념하는 날입니다. 1948년 당시에는 헌법 제정을 위한 국회 의원 선거가 실시되었고, 그 결과 198명의 의원들로 제헌 국회가 구성되었습니다. 그리고 우리 헌법은 1948년 7월 17일 국회에서 통과되어 이승만 대통령이 서명한 다음 공포되었습니다. 사진 속 왼쪽에 있는 동상은 당시 제헌 국회 의장을 지낸 신익희 선생입니다.

▲ 제헌절 기념식

지구촌 시대 국제법

교통·통신의 발달로 지구는 한 마을이나 마찬가지예요.
지구촌이라는 말이 생겼을 정도니까요.
나라와 나라 사이가 가까워지면서
국가 상호 간의 관계를 정하는 법이 필요하게 되었지요.
국제법은 대부분 국가들 간의 합의로 이루어져요.
이 법은 전쟁이나 외교 분쟁, 영토와 환경 문제 등에 관한
규율을 정하고 있어요.
국제법을 어긴다면 다른 나라들이 압력을 가하거나
불이익을 받게 해요. 하지만 국제법은 국내법만큼
강제력이 강하지 않고, 힘센 나라들의 이해 관계를
많이 반영한다는 제약도 있어요.

독도는 우리 땅!

지금까지도 일본은 독도의 영유권을
주장하고 있지만, 독도는 우리 나라
땅이며 국제법으로도 인정된 바
있어요. 국제법은 국제적인 힘의
균형이 어떻게 바뀌느냐에 따라
변하기 때문에 우리 나라는 일본의
주장에 적극적으로 맞설 수 있도록
항상 준비를 단단히 해야 해요.

PACO!!!
No! War
NO!
No! WAR
GO! Home
GO! Home
NO!
ISSUE
GSX
PA

○○ 은행
○○ 은행
○○ 은행
success
100%
do
vn

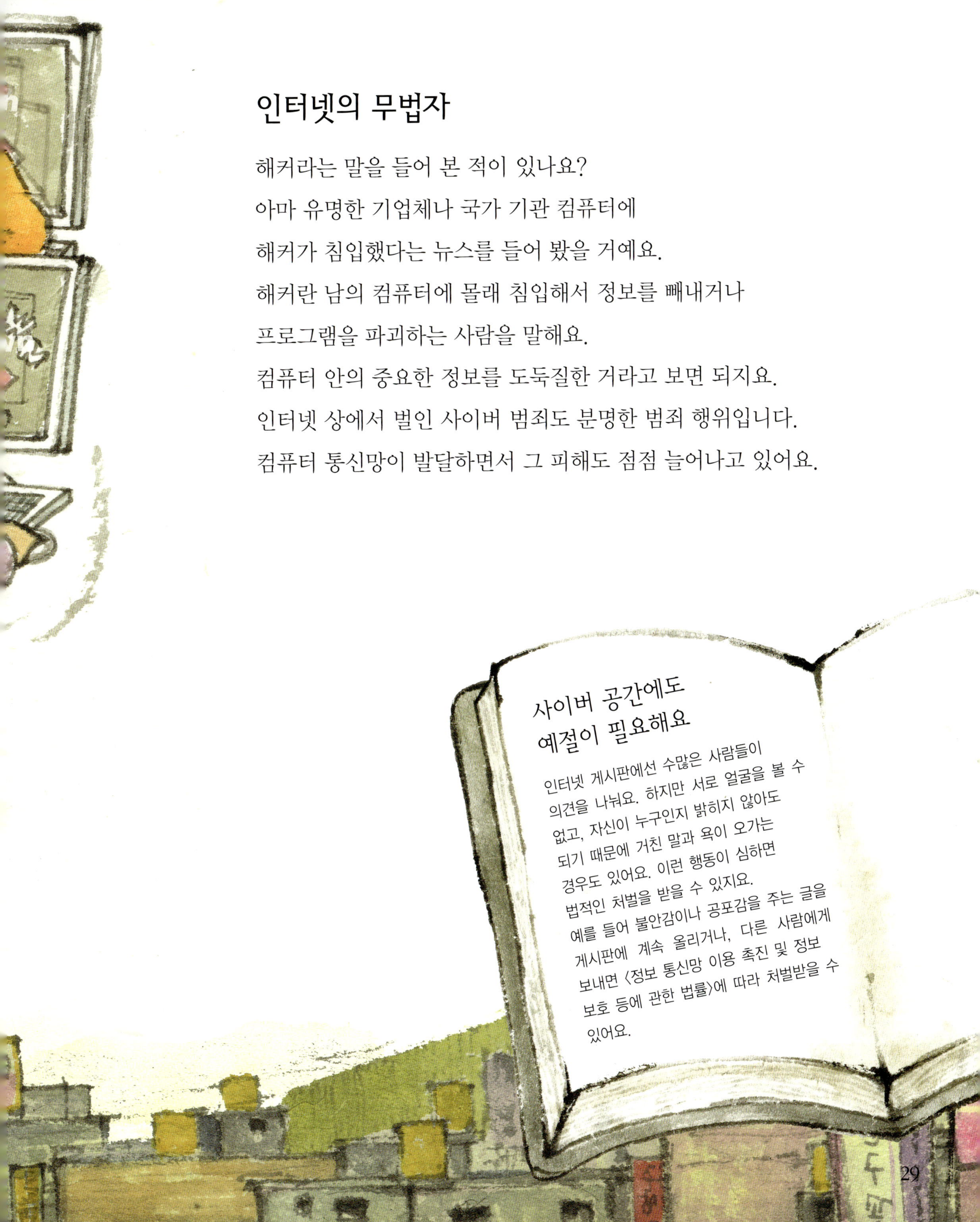

인터넷의 무법자

해커라는 말을 들어 본 적이 있나요?

아마 유명한 기업체나 국가 기관 컴퓨터에

해커가 침입했다는 뉴스를 들어 봤을 거예요.

해커란 남의 컴퓨터에 몰래 침입해서 정보를 빼내거나

프로그램을 파괴하는 사람을 말해요.

컴퓨터 안의 중요한 정보를 도둑질한 거라고 보면 되지요.

인터넷 상에서 벌인 사이버 범죄도 분명한 범죄 행위입니다.

컴퓨터 통신망이 발달하면서 그 피해도 점점 늘어나고 있어요.

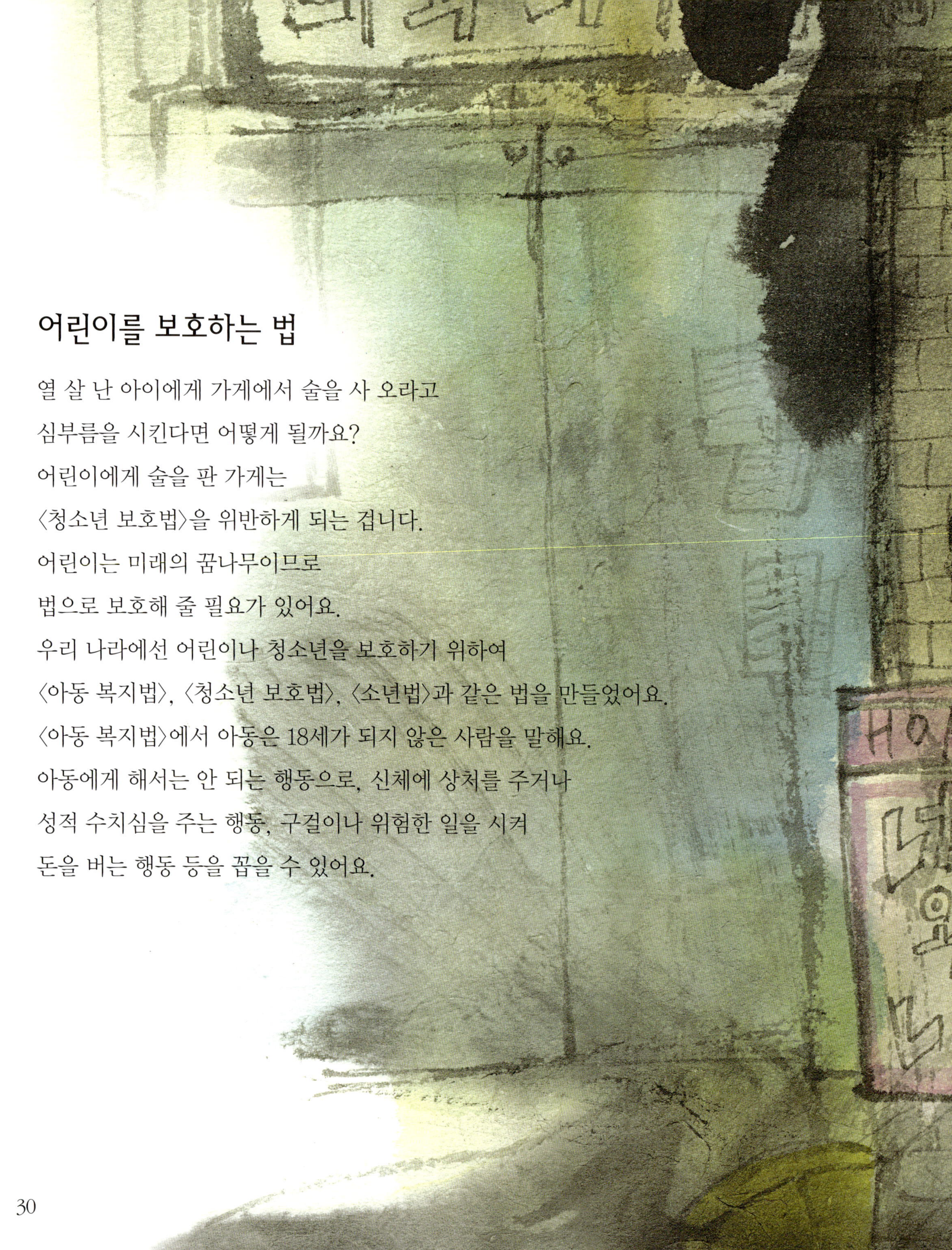

어린이를 보호하는 법

열 살 난 아이에게 가게에서 술을 사 오라고
심부름을 시킨다면 어떻게 될까요?
어린이에게 술을 판 가게는
〈청소년 보호법〉을 위반하게 되는 겁니다.
어린이는 미래의 꿈나무이므로
법으로 보호해 줄 필요가 있어요.
우리 나라에선 어린이나 청소년을 보호하기 위하여
〈아동 복지법〉, 〈청소년 보호법〉, 〈소년법〉과 같은 법을 만들었어요.
〈아동 복지법〉에서 아동은 18세가 되지 않은 사람을 말해요.
아동에게 해서는 안 되는 행동으로, 신체에 상처를 주거나
성적 수치심을 주는 행동, 구걸이나 위험한 일을 시켜
돈을 버는 행동 등을 꼽을 수 있어요.

법을 지키면 사회가 밝아져요

법은 멀리 있는 게 아니에요.
우리가 잘 느낄 수 없더라도 늘 법과 함께 살고 있어요.
사람과 사람 사이에도 법이 있고,
인터넷 속에도 법이 있어요.
어디 그뿐인가요, 하늘과 바다, 우주에도 법이 있어요.
법은 평화로운 사회를 위해서, 정의로운 사회를 위해서 만들었어요.
누구나 법을 지킨다면 우리 모두가 행복해질 거예요.

깊이보기

가정에는 가훈이 있고, 학교에는 교칙이 있습니다. 마찬가지로 우리가 사는 사회에는 여러 가지 법과 제도가 있습니다. 초등 사회 교과에서는 6학년 2학기 '우리 나라의 민주 정치'에서 법과 우리 생활에 대하여 배웁니다.

법이란 무엇일까요?

사람들이 함께 모여 살면서 공동체 질서를 지켜 나가기 위해서는 저마다 지켜야 할 기준이 필요하겠지요. 이 기준들을 사회 규범이라고 해요. 관습, 도덕, 법 등이 사회 규범에 속해요.

고대나 중세 시대에는 종교나 관습, 도덕이 사람들의 생활을 지배했지만 점점 사회가 복잡해지면서 강제적인 힘을 가진 법이 큰 비중을 갖게 되었어요. 법은 도덕으로부터 나왔지만, 법과 도덕은 뚜렷한 차이가 있어요.

도덕은 행동의 원인을 중요하게 여기고, 사람의 양심에 맡겨 두지요. 예를 들어 전철에서 노인에게 자리를 양보하지 않으면 벌을 받지는 않지만, 마음이 편하진 않을 거예요.

반면에 법은 동기보다 행동의 결과를 중요하게 생각하고, 결과에 따라 벌을 주기도 해요. 남의 물건을 훔치는 행동을 한다면 양심에 걸리는 정도에 그치지 않아요. 강제력을 지닌 법이 나서서 벌을 주게 됩니다.

도덕 가운데 누구나 지켜야 할 중요한 것들만 가려 뽑아서 만든 것이 법이에요. 그래서 사람들은 법을 가리켜 '최소한의 도덕'이라고 해요.

법에는 어떤 것들이 있을까요?

법은 여러 가지 기준으로 나눌 수 있어요. 법은 그 체계에 따라 성문법과 불문법

▶ **강제력이 없는 도덕** 전철이나 버스에서 할머니, 할아버지에게 자리를 양보하라는 법은 없어요. 따라서 자리를 양보하지 않는다고 벌을 받진 않지요. 하지만 마음은 편치 않을 거예요. 이처럼 도덕은 개인의 양심적 판단에 맡겨지는 자율적 규범이에요. 반면 법은 강제력으로 피해를 주는 행동에 벌을 줍니다.

으로 나누는데, 성문법은 문서로 써서 나타내고 국민에게 널리 알려 지키게 하는 법을 말해요. 프랑스를 비롯한 유럽 대륙 국가들이 발전시킨 법 체계이며, 우리 나라도 성문법 체계를 따르고 있어요.

불문법은 성문법처럼 문서화된 법이 아니고 이전의 관습이나 판례에 따른 법이지요.

관습법은 오랜 세월 동안 국민들이 지켜 온 관습을 국가가 법으로 인정한 거예요. 판례법이란 법원의 판례를 법으로 인정한 것이에요.

영국이나 오스트레일리아 등이 불문법 체계를 따르고 있습니다.

법은 개인과 개인 사이의 권리와 의무를 정해 놓은 사법과, 개인이 사회 구성원 및 국민으로서 갖는 권리와 의무에 관한 법인 공법, 그리고 사법과 공법에 속하지 않는 법 영역인 사회법으로 나눌 수 있어요. 노동법, 경제법, 사회 보장법 등이 사회법에 속하지요.

헌법이 정한 국민의 권리와 의무

'모든 국민은 인간으로서 존엄과 가치를 가지며, 행복을 추구할 권리를 가진다. 국가는 개인이 가지는 불가침의 기본적 인권을 확인하고 이를 보장할 의무를 진다.' 대한 민국 헌법 제10조에는 이와 같이 국민의 가장 기본적 권리인 인간의 존엄과 행복 추구권을 선언하고, 그에 따른 국가의 인권 불가침 의무를 규정하고 있어요. 이와 더불어 자유권, 평등권, 생존권, 참정권, 청구권 등의 권리를 함께 규정하고 있어요.

국민의 권리

자유권이란 국가 권력에 의해 자유를 침해당하지 않을 권리를 말하며, 평등권은 모든 사람이 법 앞에 평등하다는 뜻이에요.

생존권은 사회권이라고도 하며, 국가가 최소한의 국민 생활을 보장해야 한다는 내용이에요. 참정권은 국민이 나랏일에 참여할 수 있는 정치적인 권리를 뜻하며, 청구권은 국민이 자신의 권리가 침해되었을 때 구제를 신청할 수 있는 권리입니다.

국민의 의무

그렇다면 국민의 의무는 무엇일까요? 국방의 의무, 납세의 의무, 교육의 의무, 근로의 의무, 환경 보전의 의무 등이 있어요.

국방의 의무는 18세 이상 된 건강한 남자에게만 해당되는 병역의 의무입니다. 즉 군대를 가야 해요. 또 국민들이 낸 세금으로 나라 살림을 하기 때문에 납세의 의무를 법으로 정해 놓았고, 초등 학교와 중학교에 대해서는 국가가 비용을 부담하고 의무 교육으로 정해 놓았지요. 근로의 의무는 국민들이 자기가 맡은 일을 열심히 해야 한다는 내용이고, 환경 보전의 의무는 깨끗한 환경에서 국민이 건강하고 쾌적한 생활을 누리기 위해 필요한 의무입니다.

▲ **도로 교통법 위반** 잠깐의 기다림을 참지 못해 몇 대의 차가 불법으로 차를 돌리고 있습니다. 도로 교통법은 우리가 생활하면서 꼭 지켜야 하는 기초 질서 중 하나입니다. 생활 속에서 작은 법 하나라도 지키려는 준법 정신이 있어야 남에게 피해를 주지 않습니다.

▲ **교육의 의무** 우리 나라 헌법에는 초등 학교와 중학교에 대해서 의무적으로 교육받아야 한다고 정해 놓았습니다. 개인의 성장뿐 아니라 나라 발전을 위해 필요한 것이기 때문입니다.

▲ **사형 제도 폐지 촉구** 종교 연합 소속 종교인들이 사형 제도를 폐지해 달라며 공동 성명을 발표하고 있습니다. 시대에 따라, 가치관의 변화에 따라 법도 변화합니다.

▲ **호주법 폐지 국회 통과** 2005년 3월 2일, 호주제 폐지 개정안이 국회 의원 재적 296명 가운데 235명이 투표에 참여해 찬성 161표, 반대 58표, 기권 16표로 통과됐습니다. 이로써 개정된 호주법은 2008년 1월부터 시행됩니다.

법률 만드는 과정

'이런 법을 만들어요!' 하고 제안할 수 있는 제안권은 정부나 국회 의원에게 있습니다. 국회를 입법부라고 하는 이유는, 국회가 하는 일 중 하나가 법을 만드는 일이기 때문입니다.

또 다른 기관에서도 법을 만들 수 있습니다. 헌법 규정에 따라 국회는 법률을, 대통령은 대통령령을, 국무 총리는 총리령을, 행정 각 부의 장관은 부령을, 국회, 법원, 헌법 재판소 등은 규칙을, 지방 자치 단체는 조례를 만들 수 있습니다. 우리 나라의 법률 제정 과정을 살펴보면 다음과 같아요.

법률 만드는 과정

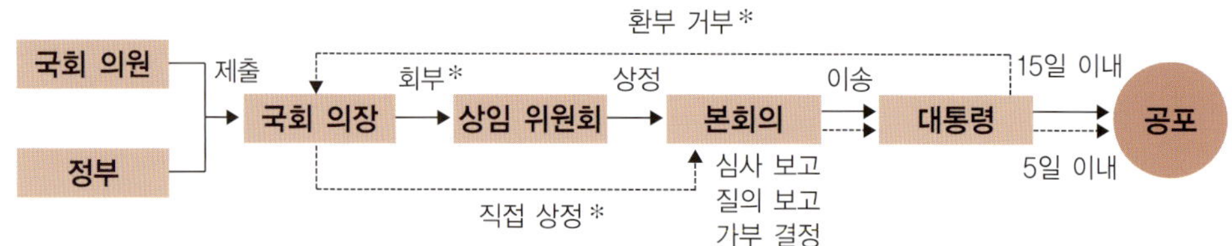

*회부 법률안을 다음 과정으로 넘기는 것입니다.
*환부 거부 법률안을 의회에 돌려보내 다시 심의할 것을 요구하는 것입니다.
*직접 상정 국회 의장이 직권을 이용해 본회의에 안건을 직접 올리는 것입니다.

죄를 지으면 어떤 벌을 받나요?

법을 어긴다면 국가는 사회 질서를 유지하기 위해 법의 강제적인 힘을 발휘하여 법을 어긴 사람에게 책임을 묻게 됩니다. 범죄를 저지른 사람에게 벌을 주는 것을 '형벌'이라고 해요. 형벌은 크게 생명형, 자유형, 재산형, 명예형으로 나눌 수 있어요.

생명형은 범죄자의 생명을 빼앗는 사형을 뜻하며, 오늘날에는 인도주의적 입장에서 사형 제도를 폐지하자는 주장이 나오고 있어요. 자유형은 일정한 장소에 범죄자를 가두고 신체의 자유를 누리지 못하게 하는 징역, 금고, 구류를 뜻하지요. 벌금이나 과료, 몰수 등 범죄자의 재산을 빼앗는 재산형이 있고, 명예롭게 누릴 수 있는 권리를 빼앗거나 제한하는 자격 상실, 자격 정지와 같은 명예형도 있어요.

법과 관련된 기관

법과 관련된 기관은 무엇이 있을까요? 법을 지키고 집행하는 주요 기관들을 알아보겠습니다.

법원

대법원과 고등 법원, 지방 법원 등으로 구성되는 법원은 헌법상 사법권을 행사하는 곳입니다. 또한 국민의 기본권 가운데 하나인 재판 청구권을 수호하며, 다른 기관으로부터 압력이나 영향을 받지 않도록 독립성이 보장되어 있습니다.

법원 재판에는 민사, 형사, 행정, 가사, 소년, 가정 보호, 특허 등의 재판이 있습니다.

법무부

법무부는 검찰청, 교정 기관, 보호 관찰 기관, 소년 보호 교육 기관, 출입국 관리 기관을 두고 있습니다. 출입국 관리 기관 같은 경우, 공항이나 항구로 출국, 입국하는 사람들을 심사해 우리 나라에 들어올 때 필요한 입국 사증(VISA)을 발급하고, 우리 나라에 살고 있는 외국인들을 보호·관리하는 일을 합니다.

검찰청

대검찰청, 고등 검찰청, 지방 검찰청 등으로 구성되어 있으며, 검사가 범죄 수사, 증거 수집, 공소 제기, 재판의 집행 등의 일을 하는 곳입니다.

경찰청

범죄를 예방하여 국민의 생명과 재산을 보호하는 일을 합니다. 중앙의 경찰청과 특별시, 광역시 및 도에 있는 지방 경찰청, 그리고 각 지방 경찰청 아래에 있는 경찰서가 있습니다.

법률 전문가들은 무슨 일을 할까요?

변호사는 일정한 대가를 받고 법을 잘 모르는 국민들에게 법적으로 도움을 주는 사람이에요. 도움을 부탁한 사람이 유리한가 불리한가를 미리 가늠할 수 있게 도와주고, 어떻게 해야 재판에 유리한지도 가르쳐 주지요.

검사는 수사, 기소, 재판 참여, 형벌의 집행 등 범죄와 형벌을 다루는 사람이에요. 예를 들어 은행털이 사건이 발생하면 검사는 그 범죄를 수사해요. 그리고 법원의 형사 재판에 참가하여 범죄자에게 적당한 형벌을 주도록 요청합니다.

판사는 검사와 변호사가 준비한 여러 가지 증언, 증거들을 종합해서 죄의 여부를 확인하고 벌을 확정짓는 사람이에요. 재판을 하고 판결을 내리는 것이지요.

판사는 법원에서, 검사는 검찰청에서 일하는 공무원입니다.

법을 재판하는 헌법 재판소

지금 우리가 사용하는 법은 자그마치 약 3600개가 넘어요. 이 가운데 헌법에 어긋나는 법이 있다면 어떻게 할까요? 국회에서 만든 법률도 만약 헌법에 어긋난다고 결정되면 즉시 효력을 잃어 버려요. 헌법이 왜 최고의 법인지 알 수 있겠지요? 법도 재판을 받게 되는데 바로 헌법 재판소에서 그 일을 합니다. 우리 나라에선 1988년에 헌법 재판소가 최초로 구성되었어요. 법관의 자격을 가진 아홉 명의 재판관으로 이루어지며, 헌법 재판소장은 대통령이 국회의 동의를 얻어 재판관 가운데서 임명하고 있어요.

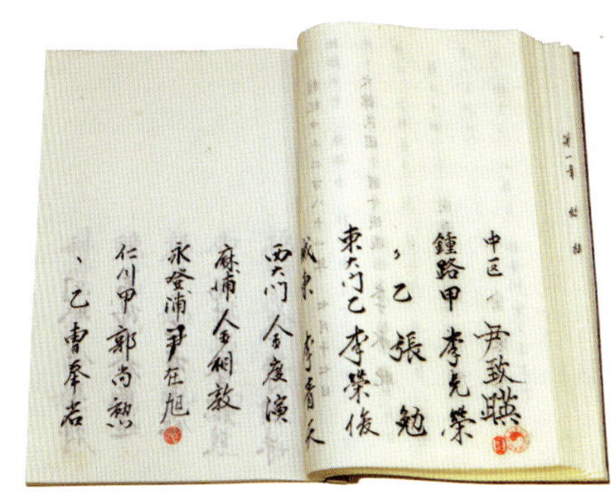

▲ **제헌 헌법 부본** 6·25 전쟁 때 제헌 헌법의 원본이 없어진 뒤, 만들었던 부본이 2005년 공개됐습니다. 부본은 원본의 훼손에 대비하여 예비로 보관하기 위해 만드는 것으로, 당시 제헌 의원이 작성했으며, 부본은 대한 민국 관보 제1호를 바탕으로 직접 손으로 썼습니다.

▲ **사법 연수생들** 판사나 검사, 변호사가 되기 위해서는 법무부에서 시행하는 사법 시험에 합격해야 합니다. 그 뒤, 사법 연수원에서 2년 동안 교육을 받습니다. 사법 연수생들이 사격장에서 시뮬레이션 사격 교육을 받고 있습니다.

▲ **헌법 재판**